Strafrechtliche Fälle

zum akademischen Gebrauch

von

Dr. Reinhard Frank,
Professor der Rechte in Halle.

Dritte, erweiterte Auflage.

Gießen
J. Ricker'sche Verlagsbuchhandlung
(Alfred Töpelmann)
1901.

Druck von C. G. Röder, Leipzig.

Wer jemals strafrechtliche Übungen mit Studierenden abgehalten hat, weiß, daß der Lehrzweck neben komplizierten Fällen auch einfache mit möglichst sicherer Entscheidung fordert. Von ersteren bieten ältere Sammlungen reiche Auswahl, von letzteren geben zwar Dochow-Liszt und Kohler manches, aber doch für den praktischen Bedarf, der öftere Wiederholungen vermeiden muß, nicht genug. Ich hoffe daher, daß dem einen oder dem andern meiner Kollegen die vorliegende Ergänzung nicht unerwünscht kommt.

Gießen, im Oktober 1894.

Reinhard Frank.

Die vorliegende dritte Auflage unterscheidet sich von den früheren nicht nur dem Umfange, sondern auch der Anlage nach. Nachdem schon in der zweiten Auflage schwierigere Fälle eingeschaltet worden waren, stellte sich das Bedürfnis heraus, die Fälle, welche sich mehr zur schriftlichen Bearbeitung eignen, auch äußerlich von den übrigen abzuheben. Bei dieser Scheidung habe ich der ersten, zur mündlichen Behandlung bestimmten Gruppe im allgemeinen die leichteren Fälle zugewiesen; vielfach aber soll gerade diese Gruppe auch dazu dienen, die praktische Tragweite von Streitfragen anschaulich zu machen. Meinungsverschiedenheiten über die Verteilung der Fälle werden der Brauchbarkeit der Sammlung wohl nicht entgegenstehen.

Den alten Titel („Strafrechtliche Fälle zur mündlichen Behandlung") mußte ich nach dem Gesagten selbstverständlich aufgeben. Doch würde es mich freuen, wenn die Sammlung zu dem Zwecke vorzugsweise verwendet würde, zu dem sie früher ausschließlich bestimmt war: zur mündlichen Behandlung und Besprechung nach voraufgegangener häuslicher Vorbereitung der Studierenden.

Halle a. S., im Oktober 1900.

Reinhard Frank.

Inhalt.

I.

Fälle zur mündlichen Behandlung.

1.

Das Ministerium für Landwirtschaft, Domänen und Forsten ersucht das Justizministerium um eine gutachtliche Aeußerung darüber, ob es angehe, die Strafbarkeit wegen Forstdiebstahls schon mit dem vollendeten zehnten Lebensjahre eintreten zu lassen.

2.

Ein „Lokal=Polizei=Reglement" bestimmt in § 4: „Absichtliche Beschädigung, Beschmutzung und widerrechtliche Benutzung der Anschlagstafeln und =Säulen, Abreißen von Anschlägen von denselben werden unbeschadet höherer allgemeiner Strafbestimmungen mit einer Geldstrafe bis zu 30 Mark bestraft." Wie steht es mit der Giltigkeit dieser Bestimmung?

3.

Könnte Bresci, der Mörder des Königs von Italien, wenn er nach Deutschland geflüchtet wäre, hier bestraft werden? — Gesetzt, er wäre Deutscher. — Angenommen, er hätte sich (als Deutscher) nach seiner in Italien erfolgten Aburteilung auf deutsches Gebiet geflüchtet. — Wie wäre es, wenn Bresci die Handlung in Italien gegen einen deutschen Landesherrn oder dessen Gemahlin begangen hätte?

4.

Kann eine am 10. September 1890 begangene Zuwiderhandlung gegen das Sozialistengesetz, deren Verjährung unterbrochen ist, jetzt noch bestraft werden?

5.

Das BGB hat bekanntlich das sogenannte Kahlpfändungsrecht des Vermieters beseitigt. Kann jetzt ein Mieter, der im Jahre 1899 unter Mitnahme ihm unentbehrlicher, aber vom Vermieter für gepfändet erklärter Sachen „gerückt" ist, noch bestraft werden?

6.

Ist das Gericht befugt, bei einem 1899 begangenen Kuppeleifalle, der erst Ende 1900 abgeurteilt wird, mildernde Umstände zuzubilligen?

7.

Der Führer einer Expedition in das innere Afrika läßt ein Negerdorf in Brand stecken, weil ein Mitglied der Expedition von dort aus getötet worden ist. Kann er in Deutschland verfolgt werden?

8.

Ein deutscher Kolonialbeamter kehrt in das Heimatland zurück. Wie steht es mit der Verfolgung der Delikte, die er etwa in den Kolonieen begangen hat?

9.

Ist es zulässig, jemanden in Hessen wegen eines in Preußen begangenen Forstdiebstahls zu bestrafen? Wie steht es eventuell, wenn die Handlung in Hessen als gemeiner Diebstahl erscheint? Wie, wenn sie umgekehrt nach preußischem Rechte als gemeiner, nach hessischem als Forstdiebstahl anzusehen ist?

10.

Zwischen dem Kaufmann Leichtfuß und seinem Kassierer Peinlich besteht die Verabredung, daß der letztere unbedingt für jeden Kassendefekt aufzukommen hat. Eines Tages nimmt Leichtfuß, der selbst im Besitze eines Schlüssels ist, 50 Mark aus der Kasse, ohne dem Kassierer etwas davon zu sagen. Dieser findet beim Monatsabschluß den Defekt und deckt ihn stillschweigend aus seiner Tasche.

11.

Der Inhaber einer Wirtschaft läßt den Wiegeautomaten, von dem er weiß, daß er nicht mehr funktioniert, offen stehen und freut sich, am Abend die vergeblich hineingeworfenen Zehnpfennigstücke darin zu finden.

12.

X beauftragt sein Dienstmädchen, einen Revolver zum Büchsenmacher zu bringen und dabei zu sagen, daß die Patrone noch darin stecke. Das Mädchen übergiebt dem Büchsenmacher den Revolver, macht ihn aber nicht darauf aufmerksam, daß die Waffe noch geladen ist. Der Büchsenmacher hantiert unvorsichtig mit dem Revolver, dieser entlädt sich und tötet einen Vorübergehenden.

13.

A versetzt dem ihm fremden B eine Ohrfeige. B hat ein Gehirnleiden und stirbt, obwohl die Ohrfeige ganz gelind war. — Wie wäre es, wenn die Verletzung des B von Haus aus ernstlicher gewesen, er aber auf dem Wege zum Arzte verunglückt wäre?

14.

Ein Jäger besucht mit geladenem Gewehre ein Wirtshaus. Während er sich auf kurze Zeit aus der Gaststube entfernt hat, nimmt der Sohn des Wirtes das Gewehr von der Wand, legt scherzend auf seinen jüngeren Bruder an und drückt los, in der Meinung, die Flinte sei nicht geladen. Der Bruder sinkt getroffen nieder. — Derselbe Fall, nur mit dem Unterschiede, daß der Sohn des Wirtes vorsätzlich handelt.

15.

In einem bekannten Memoirenwerke des vorigen Jahrhunderts findet sich folgender Fall. Der Verfasser bemerkt in London einen Volksauflauf. Er eilt hinzu und findet die allgemeine Aufmerksamkeit auf einen Mann gerichtet, der schwer verwundet auf der Straße liegt. Auf die erstaunte Frage des Verfassers, weshalb niemand dem Verwundeten helfe, wird ihm erwidert, daß zwei Lords gewettet hätten, ob der Mann mit dem Leben davon komme; jeder, der helfen wolle, werde von den Wettenden und ihrem Anhange daran gehindert.

16.

Ein Bauer setzt sein Wohnhaus in Brand. Wie seine Frau, die sich schon lange mit Selbstmordgedanken trägt, das Feuer bemerkt, stürzt sie sich in die Flammen und verbrennt.

17.

Unter dem 20. Mai 1900 berichtete die Saalezeitung folgendes. Der Arbeiter Albert Wettstein aus Mühlberg wurde am 23. April etwa um

3 Uhr nachmittags von einem schweren Steine, der vom Burgberge herabgeflogen kam, getroffen und derart schwer verletzt, daß bald darauf der Tod eintrat. Die hiesige Staatsanwaltschaft erließ nun eine Aufforderung zur Ermittelung des Thäters, dieser hat sich jetzt selbst der Behörde gestellt. Es ist ein in der Trommelfabrik zu Ilversgehofen beschäftigter Schlosser, der bei seiner Vernehmung angab, er habe an dem genannten 23. April in Gesellschaft einiger Freunde eine Tour nach der Mühlberger Gleiche unternommen; auf der Höhe des Burgberges habe er mit dem Fuße an einen Stein gestoßen, der ins Rollen geriet und den Abhang hinuntersprang, an einem Baume anprallte und schließlich den in einem Garten sich aufhaltenden Wettstein traf, diesen tödlich verletzend.

18.

Auf einer Tour lernen sich einige junge Leute kennen. A rühmt sich seiner Kraft und fordert auf, mit ihm zu ringen. Der Preis des Siegers solle in einer Flasche Sekt bestehen, die der Unterliegende zahlt. B geht darauf ein. Während des Ringens sinkt A von einem Herzschlag getroffen tot nieder.

19.

Eine zur Zeit der Renaissance in Italien spielende Novelle erzählt uns von einer Frauensperson, die an der Pest erkrankt ist und nun einem Manne den Beischlaf gewährt, um ihn zu verderben.

20.

Eine Frauensperson, die, wie sie weiß, syphilitisch erkrankt ist, vollzieht um des Gewinnstes willen mit einem Manne den Beischlaf. Der Mann wird angesteckt und verfällt in Siechtum.

21.

Um die Tragkraft seiner neuen Büchse zu prüfen, legt ein Bandit auf einen Mann an, der in einer Entfernung von mehreren hundert Metern vorübergeht. Auf den Schuß fällt der Mann tot nieder.

22.

Kaufmann Schmaucher liest im Bette rauchend einen Artikel, der auf die Gefahren dieser üblen Gewohnheit hinweist. Ein Funken fällt in das Bett und verursacht den Brand des Hauses.

23.

Aus einer Zeitung: Magdeburg, 24. August 1900. (Pantoffelheld.) Ein unangenehmer Empfang wurde in der Nacht vom Mittwoch zum Donnerstag einem Schuhmachergesellen zu teil, der bei seinem Meister in der Neustadt wohnt. Nach Mitternacht nach Hause wankend, hatte er kaum die Wohnung betreten, als ihm seitens der Frau Meisterin ein Gefäß kalten Wassers über den Kopf gegossen und mit einem kräftig gehandhabten Riemen die durch das kalte Bad vielleicht ins Stocken geratene Blutzirkulation wieder belebt wurde. Erst durch sein Geschrei aufmerksam gemacht, entdeckte die bestürzte Meisterin, daß sie nicht, wie sie meinte, ihrem Gatten, sondern dessen Gesellen diesen liebevollen Empfang zu teil werden ließ.

24.

Der Kaufmann Schulze glaubt in einem Mitreisenden seinen seit Jahren vergebens gesuchten Schuldner Müller zu erkennen. Er fordert daher den Mitreisenden auf, ihm sofort die auf Ehrenwort geschuldeten zehn Mark zu zahlen. Der Mitreisende, der in der That eine ganz andere Person ist, klagt wegen Beleidigung.

25.

X ist zur Beerdigung aufgebahrt. Sein Todfeind versetzt ihm einen Schlag mit der Reitpeitsche ins Gesicht. X ist nur scheintot.

26.

Eine Zeitung brachte vor kurzem die Nachricht, daß der Pfarrer B. in L. (Namen und Wohnort waren vollständig angegeben) sich in dem Augenblicke das Leben genommen habe, als er hätte verhaftet werden sollen. Die Nachricht war im guten Glauben gebracht worden, aber objektiv unrichtig. Der Pfarrer stellte Strafantrag.

27.

In einem bayrischen Bezirk mit sehr abergläubischer Bevölkerung ging vor einigen Jahren der Bauer Angstwurm früh morgens über Land. Im Nebel sah er plötzlich eine in ein weißes Tuch gehüllte Gestalt vor sich. In der Meinung, einem Gespenst gegenüberzustehen, stach er mit seinem Messer die Gestalt in den Arm. Diese entpuppte sich darauf als seine Nachbarin.

28.

Die 25jährige Stiefmutter vollzieht den Beischlaf mit dem 20jährigen Stiefsohn. Machen sich die Konkumbenten strafbar? Gesetzt, der Vater des Konkumbenten hätte zur Zeit der Handlung nicht mehr gelebt. — Wie wäre es, wenn die beiden sich darauf beriefen, daß sie von der Unerlaubtheit des Beischlafs nichts gewußt hätten? — Angenommen weiter, sie erklärten, nicht gewußt zu haben, daß der Begriff der Verschwägerung auf das Verhältnis zwischen Stiefeltern und Stiefkindern Anwendung finde.

29.

Derselbe Fall mit dem Unterschied, daß der aus Amerika zurückkehrende Stiefsohn seine Stiefmutter in Hamburg getroffen und beide, ohne einander zu kennen, den Beischlaf vollzogen hätten. — Wie, wenn zwar der Stiefsohn die Stiefmutter gekannt hätte, aber nicht diese jenen?

30.

Reineke Fuchs veranlaßt den Bär, sich in den Hof eines Bauern zu begeben; dort werde er eine reiche Beute an Honig finden. In der That aber rechnet Reineke darauf, daß die Bauern den Bär weidlich durchprügeln werden. Diese Hoffnung geht vollständig in Erfüllung. Der Fall läßt sich leicht auf menschliche Verhältnisse übertragen. Es bestimmt z. B. jemand seinen Feind zu einem Spaziergange in einen Wald, in dem Räuber hausen.

31.

Ein Vater züchtigt auf der Straße sein unartiges Kind. Einige Passanten, die von den Beziehungen zwischen den beteiligten Personen nichts wissen, kommen empört dem Kinde zu Hilfe und prügeln gemeinschaftlich den Vater durch.

32.

Drei Jäger besuchen ein Wirtshaus und stellen ihre geladenen Gewehre gleich unvorsichtig auf. Ein Windstoß wirft die Flinten um. Es ertönen unmittelbar hintereinander drei Schüsse, deren erster einen Gast tötet, während der zweite eine Fensterscheibe zertrümmert, der dritte aber durch ein offenes Fenster ins Freie geht.

33.

In einer Wirtschaft läßt der Kellner aus Versehen ein Zehnmarkstück fallen. Ein Gast sieht es liegen, zeigt es aber dem suchenden Kellner nicht, weil er beabsichtigt, es in einem unbewachten Augenblick einzuheimsen. Da sich aber ein solcher nicht findet, so verläßt er nach längerem Warten unverrichteter Sache das Lokal.

34.

Der gleiche Fall mit dem Unterschied, daß der Gast seinen Fuß auf das rollende Geldstück gesetzt und es dadurch dem Kellner verborgen hat. — Wie wäre es, wenn der Gast das Geldstück nur aus Vergeßlichkeit nicht aufgehoben hätte?

35.

Ein Dieb greift in eine fremde Tasche in der Hoffnung, ein Portemonnaie darin zu finden. Die Tasche ist leer.

36.

Eine Frauensperson, die sich irrtümlich für schwanger hält, nimmt ein Abtreibungsmittel.

37.

Gesetzt, sie wäre wirklich schwanger gewesen, hätte aber ein indifferentes Getränke eingenommen in der Meinung, es sei ein Abtreibungsmittel.

38.

In der Herzegowina wollte vor einigen Jahren eine Diebesbande ein Haus ausplündern und dann in Brand setzen. Um sich zunächst über die Oertlichkeiten zu orientieren, zündeten die Leute ein Feuer an; dieses äscherte das Haus ein, bevor jemand von der Bande zum Stehlen kam.

39.

Dem italienischen Roman Mia von Memini ist folgender Fall entlehnt. Ein Knecht giebt einen Schuß in die Luft ab, um durch den Knall das Pferd scheu zu machen, das den Wagen mit seinem Herrn zieht. Er rechnet darauf, daß das Tier mit dem Wagen in den Abgrund rennen und der Herr so zu Tode kommen werde. Kurz nach Abgabe des Schusses sieht der Knecht, daß in dem Wagen auch die heimlich von ihm geliebte Gemahlin seines Herrn sitzt. Er wirft sich infolgedessen dem wild gewordenen Pferd entgegen und bringt den Wagen zum Stehen.

40.

A schießt aus seinem Revolver, dessen sechs Läufe sämtlich geladen sind, eine Kugel mit Tötungsvorsatz auf B ab. Der Schuß geht fehl; von Reue erfaßt, steht A von weiterem Schießen ab.

41.

Der Rentner Meyer hat seine Wertpapiere nicht nur in einem wohlverschlossenen Kassenschranke untergebracht, sondern auch in einen Umschlag gelegt, auf dem sich eine mit mystischen Zeichen umgebene Verwünschung gegen den etwa auftretenden Dieb befindet. Angesichts dieser Verwünschung, die den Dieb mit Siechtum und Pest bedroht, läßt X, nachdem er den Schrank bereits erbrochen hat, die Papiere liegen.

42.

Ein anderer Rentner hat in seinem Büreau eine Puppe aufgestellt, die einem riesenhaften Gendarmen gleicht. X, der in diebischer Absicht eingestiegen ist, erblickt plötzlich die Puppe und ergreift schleunigst die Flucht.

43.

Vor Gericht sagt ein beeidigter Zeuge die Unwahrheit. Auf die dringenden Ermahnungen des Vorsitzenden widerruft er.

44.

Einige junge Kaufleute werfen nachts eine Gaslaterne entzwei. Infolge des Lärms eilt ein Schutzmann herbei, dem einer der Beteiligten einen gerade vorübergehenden Studenten als den Thäter bezeichnet. Der Kaufmann beharrt bei seiner Beschuldigung auch dann noch, als der Schutzmann den Studenten festnehmen zu müssen erklärt und demnächst diese Drohung verwirklicht.

45.

A sticht den B nieder. X erklärt, er sei Komplize von A und würde, wenn der Stich fehlgegangen wäre, seinerseits den B getötet haben. (Arch. f. Kriminalanthropologie. 3. Bd. S. 204.)

46.

Der Knecht zündet auf Befehl seines Herrn in der Nähe des staatlichen Waldes Feuer an. Der Wald gerät in Brand.

47.

Bankier Protz unterhält mit der Tochter des Arbeiters Grob intimen Verkehr. Frau Grob kommt hinter das Verhältnis und bestimmt ihren Mann zu folgendem Vorgehen. Er solle sich an Stelle der zu Hause bleibenden Tochter an den Ort des Stelldicheins begeben und dort den

Bankier mit vorgehaltener Pistole zur Ausstellung eines Schuldscheins von wenigstens 10 000 Mark veranlassen. Der Ehemann Grob führt den Plan aus, jedoch mit der Abweichung, daß er den Banquier nicht mit der Pistole, sondern nur mit der Veröffentlichung des Verhältnisses bedroht. — Nun umgekehrt: Frau Grob sagt ihrem Manne, er solle mit der Veröffentlichung des Verhältnisses drohen, in der That aber bedroht Grob den Protz mit einer Pistole. — Endlich: Grob läßt sich von Protz keinen Schuldschein ausstellen, sondern prügelt ihn durch.

48.

Wie würde in dem 13. Falle der Anstifter des A zu bestrafen sein?

49.

Der Vater befiehlt seinem Sohne unter Einsetzung der väterlichen Autorität, ein fremdes Grabmal auf dem Friedhof zu zerstören, zieht aber bald darauf seinen Befehl zurück, indem er erklärt, er wolle mit der Sache nichts mehr zu thun haben. Der Sohn führt die That gleichwohl aus.

50.

Vor kurzem berichteten die Zeitungen darüber, daß ein deutscher Landesherr bei tierquälerischem Taubenschießen von einem Gendarmen betreten worden sei. Die M. N. N. führten aus, kraft des Satzes the king cannot do wrong seien sämtliche beteiligte Schützen straflos. Ist das richtig?

51.

Angenommen, ein Landesherr prügelte auf Zureden seines Kammerherrn einen mißliebigen Abgeordneten durch.

52.

Ein Einbrecher wendet sich an seinen Freund mit der Bitte, ihm einen Dietrich zum Zwecke mehrerer Diebstähle zu leihen. Der Freund erfüllt die Bitte, und der Einbrecher begeht unter Benutzung des Dietrichs drei Diebstähle. — Wie wäre es, wenn der Einbrecher zwar gestohlen, den Dietrich aber nicht benutzt hätte? — Wie, wenn er bei Begehung des ersten Diebstahls abgefaßt worden wäre, als er gerade begonnen hatte, die Korridorthür unter Benutzung des Dietrichs zu öffnen? — Gesetzt, er hätte den ersten Diebstahl nach Oeffnung der Thür wieder aufgegeben, weil ihn der Anblick der Wohnung belehrte, daß sich keine seinen Ansprüchen gemäße Beute vorfinde.

— Wie endlich, wenn der Einbrecher sogleich nach Erlangung des Dietrichs inhaftiert und ihm derselbe abgenommen worden wäre?

53.

Der Assistenzarzt R erhält wie viele seiner Kollegen einen Brief, in dem ihn eine Frauensperson um ein Abtreibungsmittel bittet. R reagiert darauf in keiner Weise.

54.

Ein eifersüchtiges Mädchen gießt seiner vorübergehenden Nebenbuhlerin Schwefelsäure auf den Kopf und beschädigt dadurch gleichzeitig den neuen Hut.

55.

Der Agent Schwindel wird am 15. Mai 1891 wegen einer am 11. Januar 1891 begangenen Urkundenfälschung in Idealkonkurrenz mit Betrug zu zwei Jahren Zuchthaus verurteilt. Im August 1893 wird er aufs neue wegen eines im März dieses Jahres begangenen Betrugs angeklagt, und da er bereits am 1. November 1886 wegen des gleichen Delikts verurteilt worden ist, so entsteht die Frage, ob die Voraussetzungen des Rückfalls vorliegen.

56.

In einer Broschüre wird auf Seite 20 der Bürgermeister X als Esel, auf Seite 45 der Pfarrer Y als Betrüger bezeichnet. Beide erheben gegen den Verfasser selbständige Privatklagen. Der Verfasser wird in dem ersten Verfahren wegen Beleidigung des Bürgermeisters zu einer Gefängnisstrafe von 14 Tagen, in dem zweiten Verfahren wegen Beleidigung des Pfarrers zu einer Gefängnisstrafe von 1 Monat verurteilt.

57.

In einer Wahlversammlung bezeichnet ein Redner die sämtlichen anwesenden Vertreter der Gegenpartei als gemeine Raufbolde.

58.

Ein Bauer hält seinen erwachsenen Stiefsohn gefangen. Diesem gelingt es eines Tags, das Fenster des Raums, in dem er eingesperrt ist, zu öffnen. Wie er eben im Begriff ist auszusteigen, drängt ihn der mit den Verhältnissen vertraute Knecht zurück. — Wie wäre es, wenn der Knecht die entsprechende Handlung gegenüber dem von dem Herrn gestohlenen, zu seinem rechtmäßigen Eigentümer zurückstrebenden Hunde vorgenommen hätte?

59.

Jemand schreibt beleidigende Briefe an mehrere Personen und wirft sie zusammen in den Briefkasten.

60.

Ein Privatsekretär entwendet seinem Chef ein druckfertiges Manuskript und veröffentlicht es unter eigenem Namen.

61.

Der Auszügler Neidisch entwendet seinem Sohne eine silberne Uhr und veräußert sie an den Trödler Hehl, der sie unter Kenntnis des Sachverhalts erwirbt. — Derselbe Fall mit dem Unterschiede, daß der elfjährige Sohn die Uhr seinem Vater weggenommen hat. — Wie wäre es, wenn der Sohn zwanzig Jahre alt wäre, der Vater aber keinen Strafantrag stellte?

62.

Der geisteskranke Besitzer einer Druckerei druckt und verbreitet unzüchtige Schriften. Ist Unbrauchbarmachung zulässig?

63.

Kann eine Schrift eingezogen werden, deren Inhalt zwar beleidigend, aber nach § 193 nicht strafbar ist?

64.

Der Dienstknecht Winzig stellt am 25. Oktober Strafantrag gegen seinen Herrn wegen einer ihm von diesem am 20. Oktober zugefügten Mißhandlung. Am 30. Januar wird ihm eröffnet, daß die Staatsanwaltschaft die Verfolgung der Sache ablehne. Kann Winzig jetzt noch Privatklage erheben? — Angenommen, der Knecht hätte sogleich den Weg der Privatklage beschritten, diese aber alsbald wieder zurückgezogen. Kann nun die Staatsanwaltschaft ohne weiteres die öffentliche Klage erheben? — Läge der Fall anders, wenn wir uns an Stelle des Knechtes die Ehefrau des Dienstherrn denken?

65.

In den sogenannten „Theatergesetzen“ (einem von den meisten deutschen Theaterunternehmern und Schauspielern einzugehenden Vertrag) ist oder war bis vor kurzem vorgeschrieben, daß Beleidigungen erst dann vor Gericht anhängig gemacht werden dürfen, wenn der Leiter des Theaters keine Versöhnung unter den Beteiligten herbeiführt. Angenommen, es wird ohne einen derartigen Sühneversuch ein Strafantrag bei Gericht angebracht. Kann sich der Beleidigte auf die Theatergesetze berufen?

66.

Dem preußischen Landrat in X im Regierungsbezirk Kassel wird in der Presse vorgeworfen, daß er als Vorsitzender der Einkommensteuereinschätzungskommission parteiisch zu Werke gehe. Kurz nach dem Erscheinen des Artikels wird der Landrat in den Regierungsbezirk Wiesbaden versetzt. Der Regierungspräsident von Kassel stellt Strafantrag.

67.

Kurz sieht an dem Fenster eines Jägers zwei Feldhühner hängen und macht seinen Begleiter Guth darauf aufmerksam, indem er sagt: „Wenn du die Hühner herunterholst, so können wir sie auf meiner Bude braten und essen.“ Wie gesagt, so gethan. Der Jäger stellt Strafantrag gegen Kurz, da von diesem der Plan ausgegangen sei, dagegen wünsche er dem Guth seine Karriere nicht zu verderben.

68.

Der Metzgerlehrling Bang wird beschuldigt, die Obstbäume eines Gärtners zerstört zu haben. Er beruft sich darauf, daß sein Meister ihm mit sofortiger Entlassung gedroht habe, wenn er die That nicht ausführe. — Wie wäre es, wenn ihm der Meister mit einer Tracht Prügel gedroht hätte?

69.

Von einem furchtbaren Gewitter überrascht, suche ich Schutz in einem Hause. Der Eigentümer weist mich auf die Straße. Ich weigere mich, das Haus zu verlassen. Es entsteht ein Ringen, bei dem ich verletzt werde. — Bei einem Schiffbruche hilft A dem B dabei, den X von der Planke zu ziehen, damit sich B darauf rette.

70.

Die Zeitungen berichteten kürzlich von einem Dienstmädchen, das in der Kirche laut nach der Hebamme gerufen habe, weil ihre Herrin plötzlich in Kindesnöte geraten sei. — Wie wäre es, wenn wir uns an Stelle des Dienstmädchens den Ehemann denken?

71.

Der Förster sieht, wie ein fremder Tourist von einem wütenden Stier angegriffen wird, und schießt diesen nieder.

72.

Eine schwache Frauensperson wird von einem Strolche angefallen, sticht ihn aber mit einem Dolche nieder. — Ein anderer Strolch fällt einen Mann von hervorragender Körperkraft an. Dieser wehrt sich in der gleichen Weise. — Stehen die beiden Fälle einander rechtlich gleich?

73.

In einem Walde springt ein Mensch mit geschwärztem Gesicht und drohend geschwungener Keule auf mich zu und fordert meine Börse. Ich schieße ihn nieder. Bei Besichtigung der Leiche erkennt man in dem Getöteten einen meiner Freunde. Es muß angenommen werden, daß er sich einen schlechten Witz mit mir hat machen wollen. — Wie läge der Fall, wenn das Auftreten des vermeintlichen Angreifers leicht als Scherz zu erkennen gewesen wäre?

74.

Die Honoratioren eines Landstädtchens teilen sich in zwei Parteien, deren eine in dem Kasino und deren andere in dem Klub ihren Vereinigungspunkt hat. Gelegentlich einer Reiberei schreibt der maître de plaisir des Kasinos seinem Kollegen vom Klub, er werde ihn beim nächsten öffentlichen Abendkonzert mit der Reitpeitsche traktieren. Am Vormittage des kritischen Tages lauert der maître de plaisir des Klubs dem des Kasinos auf und prügelt ihn auf der Straße durch. Angeklagt, beruft er sich auf Notwehr.

75.

Während des Gottesdienstes sieht der Bauer Feisel, wie seine entfernt von ihm an einer schwer zugänglichen Stelle der Kirche sitzende Tochter trotz heftigen Sträubens von einem Burschen unzüchtig betastet wird. Der Bauer verweist dem Burschen durch lauten Zuruf sein Verhalten und stört dadurch die Andacht der Gemeinde.

76.

In einer badischen Landkirche hielt vor einigen Jahren der Pfarrer eine Predigt, in welcher er unter anderm mit Bezug auf den anwesenden Bürgermeister sagte: „Nachdem kam einer zu mir in mein Studierzimmer und sagte mit erheuchelter Gemütsbewegung und mit feuchten Augen, wie er so erbaut sei von meinen Predigten und wie noch keine solchen auf dieser Kanzel gehalten worden seien, und sonstige ekelhafte Heucheleien." Bei diesen Worten erhob sich der Bürgermeister, rief dem Pfarrer „Ruhe! Ruhe!" zu und verließ die Kirche.

77.

Ein Geistlicher sagt in der Predigt, daß das Gottesbewußtsein überall mit Ausnahme einiger Völkerfamilien nachgewiesen sei. Diese Einschränkung bezieht ein Hörer namens Völker auf seine Familie und unterbricht den Pfarrer durch einen lauten Protest.

78.

Ein italienischer Geistlicher, der von Briganten gefangen genommen war, befreite sich dadurch, daß er den schlafenden Wächter tötete.

79.

Ein Apotheker, der einen guten Weinkeller besitzt, legt aus Versehen eine mit Gift gefüllte Flasche zu seinem alten Wein. Sechs Jahre später trinkt seine Frau von dem Gift und stirbt.

80.

Der Kassierer X begeht am 10. März 1897 eine bedeutende Unterschlagung, weiß aber bei wiederholten Vernehmungen als Zeuge den Verdacht stets auf andere Personen zu lenken. Kann er trotz dieser Vernehmungen, deren letzte am 14. September 1897 stattfindet, am 10. März 1902 ein Geständnis ablegen, ohne Bestrafung befürchten zu müssen?

81.

Ein Reichstagsabgeordneter veröffentlicht am 6. November 1892 eine beleidigende Broschüre. Der zu derselben Zeit versammelte Reichstag lehnt den Antrag der Staatsanwaltschaft, die Verfolgung des Abgeordneten zu gestatten, ab. Kann die Verfolgung noch eintreten, nachdem die Session etwa am 6. Mai 1893 geschlossen worden ist?

82.

Der praktische Arzt Dr. med. X wird zu dreijähriger Zuchthausstrafe und fünfjährigem Verluste der bürgerlichen Ehrenrechte verurteilt. Nach Verbüßung der Freiheitsstrafe veröffentlicht er folgende Annonce: „Ich habe mich hier als praktischer Arzt und Geburtshelfer niedergelassen. Yburg. Dr. X."

83.

Ist es denkbar, daß in Deutschland jemanden der Besuch von Wirtshäusern rechtswirksam obrigkeitlich verboten werden kann?

84.

Studiosus Schneidig wird bei einer Säbelmensur abgefaßt. Der von ihm gebrauchte Säbel gehört einer studentischen Korporation, deren Waffen er belegt hat. Kann der Säbel konfisziert werden?

85.

Eine Hebamme nimmt einen unvorsichtigen Eingriff in die Scheide einer kreißenden Frau vor und verletzt das Kind.

86.

Die infolge einer Krankheit von furchtbaren Schmerzen gequälte Frau Müller bittet ihren Ehemann, sie durch einen Dolchstoß von ihrem Leiden zu erlösen. Nach langem Widerstreben giebt der Mann den wiederholten Bitten nach und stößt zu. Die Frau stirbt eine Stunde später. Die Aerzte geben ihr Gutachten dahin ab, daß der Tod durch die Krankheit der Frau herbeigeführt worden sei, aber infolge des Dolchstoßes im Laufe von 24 Stunden ebenfalls hätte eintreten müssen.

87.

Bei einem Pistolenduell sind die Paukanten darüber einverstanden, daß jeder in die Luft schießen wolle. — Wie, wenn jeder glaubt, der andere wolle ihn treffen, während er selbst absichtlich vorbeischießt?

88.

Der Komment verlangt vielfach, daß der Sekundant bei einer Pistolenmensur den Gegner niederschießt, sobald er die Barriere überschreitet. Wie würde der demgemäß handelnde Sekundant rechtlich zu beurteilen sein?

89.

In dem wittgensteinschen Gebiet der Provinz Westfalen gerieten kürzlich Zigeuner wegen eines Mädchens in Streit. Sie beschlossen, den Zwist dadurch auszutragen, daß sie aus Pistolen mit gehackten Kugeln aufeinander schossen. Bei Ausführung dieses Planes wurde einer schwer verletzt.

90.

In der Nähe von Nassau ertappte vor kurzem ein Eigentümer eines Gartens einen Obstdieb auf frischer That. Dieser floh, wurde von dem Eigentümer verfolgt, geriet auf der Flucht in die Lahn und ertrank. Kann der Verfolger zur Verantwortung gezogen werden? — Gesetzt, er hätte den Dieb durchprügeln wollen und mit einem Stocke nach ihm geschlagen, der Hieb wäre fehlgegangen, weil der Dieb ausgewichen und dabei in die Lahn gefallen wäre.

91.

Dem Wirt zur schönen Aussicht in Gießen gingen vor einiger Zeit zwei Affen durch. Hätte sich ein Student strafbar gemacht, wenn er sie eingefangen und an sich genommen hätte? — Gesetzt noch, der Student hätte die Frage eines Schutzmanns, ob er denn nicht wisse, daß die Affen dem Wirt zur schönen Aussicht gehören, bejaht. — Wie läge der Fall, wenn ein Besucher des Wirtsgartens die Tiere in Freiheit gesetzt hätte, um dem Wirt einen Schabernack zu spielen? — Wie, wenn der Besucher die Absicht gehabt hätte, die Affen demnächst für sich einzufangen?

92.

Was für ein Delikt begeht das Dienstmädchen, welches das im 33. Falle erwähnte Geldstück am folgenden Tage beim Scheuern findet und sich aneignet? — Angenommen, das Mädchen kaufte für das Geld eine Hose und schenkte diese unter Mitteilung des Sachverhalts seinem Geliebten.

93.

In einem Eisenbahnwagen läßt ein aussteigender Reisender eine Nummer einer Tageszeitung liegen. Ein Mitreisender steckt sie ein. — Wie, wenn das Gleiche mit dem Bädeker geschehen wäre?

94.

Eine Bäuerin melkt heimlich die Kuh ihres Nachbars und verkauft die Milch auf dem Markt.

95.

Ein Vagabund findet eine ländliche Wohnung leer, sieht durch das offene Fenster eine Wurst, steigt ein, nimmt sie weg und verzehrt sie im nahen Walde. — Wie, wenn der Vagabund anstatt der Wurst, auf die er es ursprünglich abgesehen hat, in der Wohnung vorgefundenes Geld mitnimmt? — Wie, wenn er umgekehrt es auf Geld abgesehen hat, sich thatsächlich aber nur die Wurst aneignet?

96.

Müller Schlau benutzt eine fremde Wasserkraft, indem er heimlich sein Triebwerk durch eine Transmission mit der Turbine seines Anliegers verbindet.

97.

Derselbe Müller leitet sich heimlich Elektrizität zu Beleuchtungszwecken von dem Akkumulator seines Anliegers ab.

98.

Der in einem Ladengeschäft angestellte Verkäufer nimmt aus dem Warenlager ein Umhängetuch und händigt es unentgeltlich und ohne selbst zu zahlen seiner als Käuferin erschienenen Geliebten ein.

99.

Der Knecht Meier nimmt das Sparkassenbuch des Mitknechtes Müller weg, erhebt darauf die Einlage, legt das Buch wieder an seine alte Stelle und verpraßt das Geld.

100.

Adine Gemberg erzählt in einer Novelle von einer Frau, die, um Morphium zu erhalten, den Gehilfen eines Apothekers durch Geld besticht, es ihr ohne Rezept zu geben. Der junge Mann, der gleichzeitig Verkäufer ist, bringt ihr das Morphium aus der Apotheke mit, nachdem er den Preis in die Kasse seines Prinzipals gelegt hat.

101.

Bei Frau Findig wohnt eine ältere Dame, Fräulein Einsam, mehrere Jahre zur Miete. Fräulein Einsam stirbt, und Frau Findig eignet sich aus ihrem Nachlaß eine goldene Uhr an. Vierzehn Tage darauf wird das Testament der verstorbenen Einsam geöffnet, in dem die Findig zu ihrer eigenen Ueberraschung zur Alleinerbin eingesetzt wird. — Wie wäre es, wenn sie nur Miterbin geworden? wie, wenn ihr die Uhr als Vermächtnis hinterlassen worden wäre?

102.

Ein Schuhmachermeister aus der Kreishauptstadt B. leistete sich vor etwa 15 Jahren eine Reise nach Frankfurt a. M. und besuchte dort das große Schlachtenpanorama. Hier sah er, wie einzelne Leute sich von dem Aufseher für 30 Pfennige Gläser geben ließen, mit denen sie das Bild betrachteten. Der Schuhmachermeister folgte dem Beispiel und verließ, nachdem er sich satt gesehen hatte, das Panorama in Begleitung des Operngucker. Sofort eilte ihm der Aufseher nach, nahm ihn fest und führte ihn zur Polizei. Angeklagt, berief sich der Schuhmacher darauf, daß er ja das Glas gekauft habe. — Das Frkf. J. berichtete über den Fall und fügte hinzu: „Es soll in B. ein harmloses Gebirgsvölkchen wohnen." Liegt darin eine Beleidigung? Jedenfalls rächten sich die tief gekränkten Bewohner von B. dadurch, daß sie mit Hand und Auge den Gebrauch eines Operngucker markierten, wo immer sie des unglücklichen Schuhmachers ansichtig wurden.

103.

Aus Versehen gebe ich einem Dienstmann anstatt eines Zwanzigpfennig- ein Zwanzigmarkstück. Der Dienstmann vertrinkt das Geld.

104.

In der Nähe von Dessau verkaufte jüngst ein Bauer seine auf dem Felde stehenden Kartoffeln, erntete sie aber selbst ein.

105.

Vor etwa zwei Jahren reiste ein junger Mann aus Württemberg mit einem Dampfboote rheinabwärts. Unterwegs machte er die Bekanntschaft eines älteren Herrn. Als das Schiff in Koblenz angelangt war und schon einige Zeit gehalten hatte, bat der Aeltere den Jüngeren, ihm auf dem Lande ein paar Zigarren zu holen. Jener rechnete darauf, daß inzwischen das Schiff abfahren werde und er dann auf der nächsten Station mit dem Gepäcke des Jüngeren das Weite suchen könne. Die Hoffnung ging in Erfüllung.

106.

X schuldet mir 1000 Mark. Gerichtliche Schritte habe ich bis jetzt nicht eingeleitet. Ich spiegele ihm vor, daß am Nachmittag sein Mobiliar gerichtlich versteigert werde, falls er nicht sofort zahle. X zahlt infolgedessen.

107.

Ein Kaufmann annonciert: „Wegen Aufgabe des Geschäfts verkaufe ich mein Warenlager unter dem Einkaufspreise." Thatsächlich beabsichtigt er weder sein Geschäft aufzugeben, noch unter dem Einkaufspreise zu verkaufen.

108.

Den Zeitungsnachrichten zufolge ist „Professor" Migargee wegen Betrugs verurteilt worden, weil er fortwährend in Annoncen behauptet hatte, sein Barterzeuger sei nur aus duftenden Alpenkräutern hergestellt, während zur Zubereitung solche gar nicht oder nur in untergeordneter Weise verwendet wurden. Ist das Urteil ohne weiteres einleuchtend?

109.

Ein Steinklopfer in der Nähe von Gießen erhält für das Zerschlagen eines Haufens Chausseesteine 1 Mark. Die Kontrolle wird in der Art ausgeübt, daß der Wegemeister die Steinhaufen nachzählt und für jeden an der ursprünglichen Zahl fehlenden dem Steinklopfer 1 Mark zur Auszahlung anweist. Dieser wirft vor dem Erscheinen des Wegemeisters drei Haufen in den Chausseegraben und verbirgt sie hinter Büschen.

110.

Einem Fabrikanten fehlt es im Herbst völlig an Aufträgen. Um solche zu erlangen, teilt er seinen Kunden in der Nähe von Eisenach mit, er lasse demnächst eine Waggonladung nach Eisenach abgehen und lade sie ein, sich der großen Frachtersparnis halber durch Erteilung eines Auftrags daran zu beteiligen.

111.

Derselbe Fabrikant deklariert eine Ladung von 120 Zentnern, um Fracht zu sparen, auf 100 Zentner. — Wie, wenn infolge der Unterdeklaration ein Achsenbruch auf der Bahn eintritt?

112.

Ein Verleger läßt anstatt der mit dem Autor vereinbarten 1000 Exemplare deren 1500 drucken.

113.

Ein Provinzialschauspieler erhält von einem Kollegen an der Hofbühne ein Telegramm mit der Aufforderung, sofort in die Residenz zu reisen, da ihn der Intendant zu engagieren wünsche. Es handelt sich um einen schlechten Scherz.

114.

Kürzlich berichteten die Zeitungen mit großer moralischer Entrüstung von folgendem Falle. Mehrere Personen erhalten Einladungen zu einem Herrn Müller. Es stellt sich aber heraus, daß Müller niemanden eingeladen hat.

115.

X läßt sich unter fingiertem Namen bei einem Schneider einen Anzug anmessen. Zum Anprobieren will er an einem bestimmten Tage kommen. Der Schneider macht den Anzug probefertig, aber der Besteller läßt niemals wieder etwas von sich hören.

116.

Der Geschäftsreisende droht mit Kündigung und Eintritt in ein Konkurrenzgeschäft, wenn ihm der Prinzipal das Gehalt nicht um 500 Mark erhöhe.

117.

Rentner Meyer giebt dem bekannten Büreau L. & L. den Auftrag, von seinem Schuldner, dem Zigarrenhändler Löwe, die alte Kapitalforderung von 700 Mark nebst 5% versprochenen Zinsen seit 6 Jahren einzutreiben. Der Schuldner sendet das Kapital ein, schreibt aber gleichzeitig an L. & L.: „Die Zinsen zahle ich nicht. Sollte Herr Meyer sie gleichwohl verlangen, so werde ich seiner Frau mitteilen, in welchen Beziehungen er früher zu einem Fräulein Anna in Berlin gestanden hat. Ich autorisiere Sie, dies Herrn Meyer zu eröffnen."

118.

Welche strafrechtliche Bedeutung hat die bekannte Alternative „la bourse ou la vie"?

119.

Eine Frau läßt auf einem Ladentisch ein Paar Handschuhe liegen, geht aus dem Lokal, kehrt aber, nachdem sie soeben auf die Straße gekommen ist, zurück, um die vergessenen Handschuhe zu holen. Inzwischen hat ein Arbeiter dieselben an sich genommen und an eine andere Stelle des Ladentisches gelegt. Die Frau erkennt die Handschuhe, stellt den Arbeiter zur Rede und macht schließlich Anstalten, sie an sich zu nehmen. Der Arbeiter hält aber ihren Arm fest.

120.

Im Frühjahr 1900 wurde ein Mann zur gerichtlichen Verantwortung gezogen, weil er sich den Betrag einer unbenutzten Fahrkarte, die er gefunden, am Schalter hatte zurückzahlen lassen.

121.

Der Bauer Müller wird im Ermittelungsverfahren unbeeidigt vernommen und sagt wider besseres Wissen aus, daß er den Beschuldigten zur Zeit der That an einem dritten Orte gesehen habe.

122.

Wie wäre es, wenn Müller selber an der That beteiligt wäre, wegen deren der Beschuldigte verfolgt wird?

123.

Ein Trödler kauft dem Uhrmacher A eine Uhr ab, von der er weiß, daß dieser sie von X zur Reparatur erhalten hat.

124.

Ein Arbeiter entwendet aus einem Laden eine Flasche Schnaps und läßt seine Kameraden teils mittrinken, teils gießt er ihnen von dem Schnaps in ihre Flaschen. Ausgeschlossen bleibt nur einer, mit dem er in Feindschaft lebt. Dieser aber verschafft sich seinen Anteil dadurch, daß er heimlich aus der Flasche des ersten trinkt.

125.

Ich teile einem Verbrecher brieflich Mittel und Wege zur Flucht mit, der Brief erreicht aber den Adressaten nicht, weil er mit Beschlag belegt wird.

126.

Ein thüringischer Bürgermeister schrieb vor kurzem an ein Bankhaus, seine Gemeinde wolle ein Darlehn von 300 000 Mark aufnehmen, er bitte im Namen der Gemeinde um Uebersendung des Geldes. Das Bankhaus kam dem Verlangen nach, erfuhr aber nach einiger Zeit, daß der Bürgermeister keinen Auftrag von der Gemeinde gehabt und das Geld in eigenem Nutzen verwendet habe. — Wie wäre es, wenn der Bürgermeister beauftragt gewesen wäre?

127.

Wie ist der ungerechte Haushalter (Evgl. Lucae XVI 1 ff.) strafrechtlich zu burteilen?

128.

Ein Nachtschwärmer zündet eine städtische Gaslaterne an, die des Mondscheins wegen nicht brennen soll.

129.

Auf einem dichtbesetzten Dampfboot geraten zwei Reisende wegen des Gepäcks in Streit. Im Aerger nimmt der eine den Rucksack des andern und wirft ihn über Bord, um Platz zu bekommen.

130.

Die Balleteuse Vielliebchen beneidet ihre Kollegin um ihr goldenes Armband. Sie läßt es sich zeigen und wirft es in das Wasser.

131.

Der entlassene Küfer eines Weinhändlers spielt diesem den Schabernack, daß er ein Weinfaß auslaufen läßt.

132.

Ein Soldat desertiert, reist zu seinem Vater und erhält von diesem Geld zur Flucht nach Amerika. Der Vater wird zur Hingabe des Geldes dadurch bewogen, daß ihm der Sohn wahrheitswidrig erzählt, er sei von dem Unteroffizier X brutal mißhandelt worden.

133.

Im Jahre 1899 erzählte der Bauer J bewußt wahrheitswidrig von einem Mädchen, es habe unglücklich geheiratet, sei von seinem Manne verlassen worden.

134.

In der sogenannten Haide bei Halle fuhr im Sommer 1900 ein junges Mädchen Rad. Plötzlich trat ihm ein Handwerksbursche entgegen mit den Worten: „Fräulein, steigen Sie ab und geben Sie mir einen Kuß oder ich zerschlage Ihnen das Rad.“ Das Mädchen that, wie ihm geheißen.

135.

Einige oberbayrische Mädchen zogen im Frühjahr 1900 einem Bauernburschen gewaltsam die Hosen aus, entblößten sein Glied und verspotteten ihn wegen seines keuschen Lebenswandels.

136.

Der Landstreicher Schlimm hält ein Bauernmädchen gewaltsam fest. Als auf ihr Geschrei ihr Bruder herbeieilt, läßt der Landstreicher von ihr ab. Man weiß nicht, was er von ihr wollte (sie töten, mißhandeln, geschlechtlich mißbrauchen, berauben).

137.

Einem Bauer wird am 1. Januar 1894 nachts 1 Uhr ein Sohn geboren. Der Vater zeigt die Geburt am 3. Januar auf dem Standesamt an, verlegt aber dabei den Geburtstag auf den 31. Dezember 1893.

138.

Der zum Anzeigen der Schüsse kommandierte Gefreite Müller markiert falsch.

139.

Der Gerichtsvollzieher Bummel händigt eine Klageschrift zum Zwecke der Zustellung dem 14jährigen Sohn des Adressaten ein, erklärt aber in der Zustellungsurkunde, daß er die Klageschrift dem Adressaten in Person übergeben habe.

140.

Frau Gutherz läßt sich durch die Thränen ihres diebischen und unzuverlässigen Dienstmädchens bestimmen, es im Zeugnis als „ehrlich und zuverlässig" zu bezeichnen.

141.

Angenommen, das Zeugnis hätte auf „unehrlich und unzuverlässig" gelautet, das Mädchen aber die Silben „un" jedesmal ausradiert.

142.

Im Großherzogtum Hessen sind die Apotheker verpflichtet, den Landesangehörigen Medikamente, welche ärztlich verordnet sind, auf Kredit zu liefern. Ein Arzt bezeichnet auf einem Rezept den Kranken als aus Darmstadt stammend, obwohl er weiß, daß er Frankfurter ist.

143.

Ein Laie verschreibt ein Rezept, auf dem er sich als Arzt bezeichnet.

144.

Die Aktiengesellschaft Neuhütte verlangt von allen anzustellenden Beamten ein Gesundheitszeugnis. Ein Ingenieur, der in die Dienste dieser Gesellschaft zu treten wünscht, stellt sich unter der Bezeichnung Dr. (folgt ein unleserlicher Name) selbst ein Gesundheitsattest aus und legt es dem Aufsichtsrat vor.

145.

Bei dem praktischen Arzt Dr. Meier erscheint ein Landmann mit der Bitte, seinem Sohn zum Zwecke der Benutzung bei der Ersatzkommission zu bescheinigen, daß er ihn seit seiner Kindheit als schwerhörig kenne. Der Landmann bietet dem Arzt für diese wahrheitswidrige Bescheinigung 50 Mark, wird aber abgewiesen.

146.

Der Raritätenhändler Schlau schreibt in lateinischer Sprache eine Urkunde auf Wachs des Inhalts, daß der Decurio Marcus Gujanus dem Proprätor Appius Nilenus ein Haus in Rom schenke. Er verkauft diese Urkunde mit der Erklärung, sie sei bei der Bloßlegung des römischen Kastells bei Kloster Arnsburg gefunden worden. Der Käufer zahlt infolgedessen einen enormen Preis.

147.

Studiosus Selten hat seine Schneiderrechnung bei Empfang des Anzugs bezahlt, wird aber gleichwohl auf deren Zahlung verklagt. Um die erfolgte Zahlung zu beweisen, legt er eine von ihm selbst gefertigte Quittung des Klägers dem Gerichte vor.

148.

Ein anderer Student hängt, um seinen Vater mit seiner Pünktlichkeit eine Freude zu bereiten, zwölf von ihm selbst ausgestellte Quittungen über bezahlte Hausmiete, Bücher, Kleider und ähnliches an den Christbaum.

149.

Ein Wucherer bittet einen reichen Bauer, eine Eingabe um Erbauung einer Eisenbahn zu unterschreiben, weiß es aber so einzurichten, daß der Bauer anstatt der Petition einen Schuldschein unterzeichnet.

150.

Ein Kaufmann legt zum Beweise seiner eingeklagten Forderung dem Gericht ein erst ad hoc gefertigtes falsch geführtes Kontokurrent vor.

151.

Im Bezirk des ehemaligen Hofgerichts Gießen ereignete sich vor Jahren folgender Fall. Ein Bauer unterhandelte mit seinem Gläubiger wegen einer Darlehensforderung. Der Gläubiger legte dem Bauer, der den Empfang leugnete, den Schuldschein vor, dieser steckte ihn in den Mund und schluckte ihn hinunter.

152.

Auf den preußischen Universitäten besteht die Vorschrift, daß nur die ordnungsmäßig von den Dozenten an- und abtestierten Vorlesungen angerechnet werden. Ein Student fälscht die Testate und reicht sie dem Sekretariat zur Erlangung der Exmatrikel ein.

153.

Ein Fabrikant bringt in einem Arbeitsbuche ein geheimes Zeichen an, durch welches der Inhaber dem Eingeweihten als Sozialdemokrat kenntlich gemacht wird.

154.

Ein Unterbeamter läßt sich, um Urlaub zu bekommen, von einem befreundeten Telegraphisten eine fingierte Depesche ausfertigen, welche die schwere Erkrankung seines Vaters meldet.

155.

Ein Fabrikant läßt seine Werkmeister eidlich versprechen, gewisse Fabrikationsgeheimnisse nicht zu verraten. Einer der Werkmeister thut dies gleichwohl.

156.

Der Chemiker Würdig wird als Sachverständiger eidlich vernommen. Zur Person erklärt er, 28 Jahre alt zu sein, während er in Wahrheit erst 24 Jahre alt ist.

157.

Dem Kaufmann Pfiffig wird durch Urteil des Landgerichts ein Eid dahin auferlegt, daß er die von ihm eingeklagte Forderung dem Beklagten nicht erlassen habe. Pfiffig veranlaßt seinen Bruder, vor Gericht zu erscheinen und an seiner Stelle den Eid zu leisten.

158.

Der Bauer Streitfreund hat einen Prozeß, in dem es wesentlich auf das Zeugnis eines Tagelöhners ankommt. Streitfreund weist nun seinen Knecht Ehrlich an, er möge den Tagelöhner zu einer ihm günstigen, wahrheitswidrigen Aussage bestimmen. Ehrlich weigert sich, wird seines Dienstes entlassen und zeigt die Sache der Staatsanwaltschaft an.

159.

Rechtsanwalt Meyer erstreitet einen dinglichen Arrestbeschluß gegen den Theaterdirektor Leis und beauftragt den Gerichtsvollzieher Berg mit der Vollziehung. Leis läßt seine Kasse durch den Gastwirt Ohl führen. Bei diesem erscheint der Gerichtvollzieher und verlangt Herausgabe der Leisschen Kasse. Ohl verweigert die Herausgabe, und als sich der Gerichtsvollzieher der Kasse mit Gewalt bemächtigen will, stößt ihn Ohl zurück.

160.

Ein Gerichtsvollzieher will auf Grund eines richterlichen Haftbefehls die Lumpensammlerin Medes verhaften. Diese wirft sich auf die Erde, und da sie sehr schwer ist, so vermag sie der Beamte nicht von der Stelle zu entfernen.

161.

In einer von mehreren hundert Personen besuchten sozialdemokratischen Versammlung fordert ein Redner zur allgemeinen sofortigen Arbeitseinstellung auf.

162.

Ist es strafbar, wenn in einem anarchistischen Organ die That Caserios gepriesen wird?

163.

Einige befreundete Angehörige der jeunesse dorée veranstalten eine Orgie, bei der nackte Ballettmädchen Tänze aufführen.

164.

In einem mehrere hundert Mitglieder umfassenden Künstlerverein wird ein Modellmädchen unter allgemeinem Jubel nackt umhergeführt. (Paris 1893.)

165.

Der Hausbursche des Hotels Schweizerhof geht nächtlicherweile in das Schlafzimmer seiner Prinzipalin, geriert sich in der Dunkelheit als deren Ehemann und vollzieht den Beischlaf mit ihr. Der Ehemann stellt Strafantrag. — Wie läge der Fall, wenn sich der Hausbursche als der außereheliche Geliebte seiner Prinzipalin geriert hätte?

166.

Am 1. Mai 1875 wandert der Tagelöhner Flüchtig mit seiner Familie, darunter auch seinem einjährigen Sohne Karl, nach Australien aus. Neunzehn Jahre später erhebt die Staatsanwaltschaft, wie üblich, Anklage gegen Karl Flüchtig auf Grund des § 140 des St.G.B's.

167.

Ein Amtsrichter wird durch Erbgang Eigentümer einer Fabrik, die er durch einen Geschäftsführer verwalten läßt. Gelegentlich einer Revision finden sich in dem Verkaufslokal der Fabrik Gewichtsteine vor, die der Aichordnung nicht entsprechen.

II.

Fälle zur schriftlichen Bearbeitung.

1.

In dem Drama le Roi s'amuse erzählt uns Victor Hugo folgendes: Der König liebt ein junges Mädchen von nicht ganz 16 Jahren, das er nur an einem dritten Orte sprechen kann. Um den Verkehr zwischen beiden zu erleichtern, holen einige Hofherren das Mädchen gewaltsam trotz seines Sträubens aus der ihm von seinem Vater gemieteten Wohnung und stellen es dem Könige zur Verfügung, der es entehrt. Hierüber außer sich, beschließt der Hofnarr, der Vater der Entführten, den Tod des Königs. Dieser hat als andere Geliebte die Schwester eines Wirtes, ist aber den Geschwistern nicht als König bekannt. Der Hofnarr händigt nun dem Wirt eine Summe Geldes aus, damit er den Liebhaber seiner Schwester töte, und verspricht ihm nach Ausführung der That die gleiche Summe. Der Wirt ist bereit; wie er aber mit dem Beil in die Kammer eintreten will, in welcher der Liebhaber schläft, wird er von der Schwester zurückgehalten. Durch die Bitten der letzteren läßt er sich bewegen, seinen Plan in folgender Weise zu ändern. Der erste Gast, der vor einer bestimmten Stunde in die Wirtschaft eintritt, soll getötet, die Leiche in einen Sack gesteckt und so der Hofnarr getäuscht werden; komme aber vor jener Stunde niemand, so müsse der Liebhaber sterben. Diese Verabredung zwischen dem Geschwisterpaar hat die Tochter des Hofnarren von der Straße aus belauscht. Um ihren Geliebten, den König, zu retten, tritt sie alsbald in das Gastzimmer und wird von dem Wirte getötet.

2.

Der englische Anarchist Block schreibt von London aus an seinen preußischen Gesinnungsgenossen Weiß in Paris, daß der Londoner Anarchistenklub den Tod eines (näher bezeichneten) deutschen Landesherrn beschlossen habe, und fordert ihn auf, „das hiernach Erforderliche zu veranlassen". Weiß erhält den Brief in Paris und reist nunmehr zur Ausführung des Mordes in die Residenzstadt des zu tötenden Landesherrn. Hier teilt er dem russischen Anarchisten Kobaloff den Zweck seiner Anwesenheit mit und ersucht ihn um Mitteilung, wann und wo der Monarch spazieren fahre. Nach erlangter Auskunft schießt Weiß auf den Landesherrn. Die Kugel geht fehl und tötet den neben seinem Herrn sitzenden Adjutanten.

3.

Der Bauer Schwarz fordert bei einem Gespräche den Tagelöhner Müller zur Tötung der Auszüglersleute Schulze auf. Im Falle der Ausführung soll Müller 500 Mark haben. Müller erklärt sich bereit, und beide fassen als Zeit der Ausführung die Nacht vom 6. auf den 7. Mai 1896 ins Auge. Am Abend des 6. Mai begiebt sich Müller, um sich Mut anzutrinken, in eine Wirtschaft, trinkt aber zu viel und wird, wie er eben, mit dem Beile bewaffnet, auf dem Wege zur Schulzeschen Behausung begriffen ist, wegen ruhestörenden Lärmens in polizeilichen Gewahrsam genommen.

Da Schwarz stets daran gezweifelt hatte, daß dem Müller die That gelingen werde, so hat er inzwischen den Dienstknecht Meier durch Zureden bestimmt, in der Nacht vom 6. auf den 7. Mai das Schulzesche Wohnhaus in Brand zu setzen. Er, Schwarz, rechnet darauf, daß die beiden Schulze spätestens, d. h., wenn Müller sie nicht vorher getötet habe, durch das Feuer umkommen würden. Dagegen hat Schwarz den Meier nur dadurch zu bestimmen vermocht, daß er ihm erklärte, persönliche Gefahr für die beiden Schulze sei nicht vorhanden, da diese überhaupt abwesend sein würden.

In der That legt dann auch Meier das Feuer an. Kaum aber hat er dies gethan, so sieht er den Schulze am Fenster stehen, um Luft zu schöpfen. Erschreckt darüber, daß dem alten Manne am Ende etwas passieren könne, ruft er ihm zu, es brenne, er, Schulze, möge löschen helfen. Schulze kommt sofort herunter und beiden gelingt es, mit vereinten Kräften das Feuer zu löschen.

4.

A bietet dem X für Tötung des Z 600 Mark. X antwortet, dafür thue er es nicht. Nachdem A weg ist, stellt B, der von A nichts weiß, das gleiche Ansinnen an X und bietet 400 Mark. In der Aussicht, nunmehr 1000 Mark zu bekommen, führt X die That aus.

5*).

Gegen folgendes Urteil hat der Verteidiger des Angeklagten am 16. April 1900 Revision eingelegt. Dieselbe soll in der Art begründet

*) Setzt Kenntnis des Strafprozeßrechts voraus.

werden, daß alle Mängel des Urteils, soweit sie in der Revisionsinstanz Berücksichtigung finden können, hervorgehoben werden.

Urteil.

Im Namen des Königs.

In der Strafsache gegen den Lehrling August Klein zu Schönstadt, geboren daselbst am 11. August 1883, evangelisch, nicht vorbestraft,

wegen Diebstahls und Sachbeschädigung

hat die II. Strafkammer des Kgl. Landgerichts zu Schönstadt in der Sitzung vom 15. April 1900, an welcher teilgenommen haben: 1) Landgerichtsdirektor Clarus, 2) Landgerichtsrat Kraus, 3) Landgerichtsrat Berg, 4) Landrichter Hohenstein, 5) Landrichter Weiß als Richter, Staatsanwalt Schneidig als Beamter der Staatsanwaltschaft, Referendar Grün als Gerichtsschreiber, für Recht erkannt:

Der Angeklagte wird wegen Sachbeschädigung zu einer Gefängnisstrafe von zwei Wochen verurteilt. Die Kosten des Verfahrens fallen, soweit sie durch die Untersuchung wegen Diebstahls entstanden sind, der Staatskasse, im übrigen dem Angeklagten zur Last.

Gründe.

Am 10. Januar 1900 bemerkte der Fußgendarm Müller bei seinem Rundgange in Schönstadt, wie der Angeklagte einer großen Ulmer Dogge mit einem dicken Knüppel einen derartigen Schlag auf den Kopf versetzte, daß das Tier alsbald verendete. Nachdem der Gendarm als Eigentümer des Hundes den Domänenpächter Meier zu Schönstadt ermittelt hatte, nahm er in der Wohnung des letzteren folgendes Protokoll auf:

„Schönstadt, den 10. Januar 1900.

Der Domänenpächter Meier erklärt: Ich bitte um Bestrafung des August Klein wegen Tötung meines Hundes.

Müller, Fußgendarm."

Kurz darauf begab sich Müller in die Wirtschaft des Heinrich Werneck, woselbst ihm dieser mitteilte, daß ihm August Klein vor etwa 14 Tagen vermutlich eine goldene Taschenuhr im Werte von 70 Mark gestohlen habe.

Von beiden hiernach dem Angeklagten zur Last gelegten Handlungen erstattete Müller pflichtgemäß Anzeige, in deren Verfolg die Kgl. Staatsanwaltschaft bei dem L.-G. Schönstadt gegen August Klein Anklage wegen Diebstahls und Sachbeschädigung erhob. Die I. Strafkammer lehnte jedoch den Antrag auf Eröffnung des Hauptverfahrens wegen Sachbeschädigung ab und eröffnete das Hauptverfahren vor dem L.-G. Schönstadt lediglich wegen Diebstahls. Beschwerde ist gegen diesen Beschluß nicht eingelegt worden.

Die erkennende Strafkammer hat den Beweis des Diebstahls nicht als erbracht angesehen, da es den Zeugenaussagen in dieser Richtung an der erforderlichen Bestimmtheit mangelte. Dagegen muß allerdings der Beweis der Sachbeschädigung als geführt gelten. Daß der Angeklagte auf den Hund des Meier mit einem Knüppel eingehauen hat, steht sowohl auf Grund glaubhaften Geständnisses als auch auf Grund der Aussagen des Gendarmen Müller außer Zweifel. Angeklagter beruft sich darauf, daß der Hund ihn angefallen habe und die Tötung desselben daher unter dem Gesichtspunkt der Notwehr erlaubt gewesen sei. Wenn auch die I. Strafkammer daraufhin die Eröffnung des Hauptverfahrens abgelehnt hat, so ist doch rechtlich daran festzuhalten, daß es Notwehr gegenüber einem Tiere nicht giebt, da ein solches nicht rechtswidrig handeln kann. Sollte der Angeklagte dies verkannt haben, so würde ihm sein Irrtum doch deshalb nicht zu gute kommen, weil derselbe sich lediglich auf das Strafrecht, nämlich auf den Notwehrbegriff, beziehen würde. Endlich fällt ausschlaggebend ins Gewicht, daß der Angeklagte die Notwehr weder bewiesen, noch zu beweisen versucht hat.

Hiernach war thatsächlich festzustellen, daß der Angeklagte August Klein am 10. Januar 1900 zu Schönstadt einen dem Domänenpächter Meier daselbst gehörigen Hund, mithin eine fremde Sache, vorsätzlich und rechtswidrig beschädigt hat.

Auf Grund des oben mitgeteilten Strafantrags war der Angeklagte gemäß St.G.B. § 303 zu bestrafen. Mit Rücksicht darauf, daß einerseits der Wert des Hundes von dem Sachverständigen Merz auf 150 Mark glaubhaft geschätzt worden, also ein hoher, andererseits der Angeklagte bis jetzt nicht vorbestraft ist, erschien eine Gefängnisstrafe von 2 Wochen angemessen.

6.

Der Fuhrmann Keil hat sich am 21. Juni 1892 gegen zwei Personen strafbare Handlungen zu Schulden kommen lassen. Er ist deshalb in zwei abgesonderten Verhandlungen mit Strafe belegt worden und zwar:

a) durch Urteil des Schöffengerichts vom 3. Dezember 1892 wegen Mißhandlung und Bedrohung seiner Ehefrau mit einer Gesamtgefängnisstrafe von 27 Tagen, wobei als Einzelstrafe wegen Körperverletzung drei Wochen, wegen Bedrohung eine Woche Gefängnis angenommen wurde;

b) durch Urteil desselben Gerichts vom 8. Februar 1893 wegen Körperverletzung, Bedrohung und Beleidigung des Schuhmachers Reinhard in eine als „Zusatzstrafe“ zu der vorigen zu betrachtende Gefängnisstrafe von 2 Monaten und 2 Wochen.

Gegen dieses letztere Urteil verfolgte der Angeklagte die Berufung. Während dieses schwebte, wurde ihm die vorerwähnte Strafe bis auf 14 Tage unter der Bedingung erlassen, daß er sich innerhalb der nächsten 5 Jahre keines Verbrechens oder Vergehens schuldig mache, insbesondere auch keiner Mißhandlung seiner Ehefrau. Den Rest von 14 Tagen Gefängnis hat der Angeklagte vom 21. März bis 3. April 1893 verbüßt. In der Berufungsinstanz änderte die Strafkammer, welcher das Urteil vom 3. Dezember 1892, der teilweise Straferlaß und die teilweise Strafverbüßung bekannt war, das unter b erwähnte Urteil ab. Sie sprach nämlich den Angeklagten wegen Bedrohung frei und verurteilte ihn wegen Körperverletzung und Bedrohung zu einer Gefängnisstrafe von 5 Wochen, wobei als Einzelstrafe für die Körperverletzung 4 Wochen und für die Beleidigung 10 Tage Gefängnis für angemessen erachtet wurden. — Ist dieses Urteil richtig?

7.

Anzengruber erzählt uns folgende Geschichte aus seiner Heimat. Ein Knecht braucht grüne Zweige, um das Haus seines Herrn zu schmücken. Er besteigt den großen Baum eines dritten Bauern und haut Zweige ab. Inzwischen kommt der Eigentümer des Baumes hinzu und fordert den Knecht auf, herunterzukommen, widrigenfalls er den Baum umhauen werde. Der Knecht fährt in seiner Arbeit fort und verlacht die Drohung. Aber der Bauer führt sie aus, und beim Sturze des Baumes fällt sich der Knecht zu Tode.

8.

In Stindes Drama „Torfmoor" beschließen Mann und Frau, sich der Mutter der letzteren zu entledigen. Die Frau bereitet Gift zu und sagt dem Manne, daß es sich in dem blauen Topf finde, während der weiße das Mittagessen des Ehepaares enthalte. Der Mann begiebt sich in die Küche, um das Gift für seine Schwiegermutter zu holen und dieser zu geben. In der Küche will er gleichzeitig das Mittagessen versuchen, verwechselt aber die Töpfe und stirbt beim Eintritt in das Zimmer infolge des genossenen Giftes. Kann die Ehefrau bestraft werden? Wie wäre es, wenn sie aus Versehen die Töpfe dem Manne falsch bezeichnet hätte?

9.

Im Simplicius Simplicissimus wird uns erzählt, daß die Kriegsleute einem Bauer die mit Salz bestreuten Fußsohlen von einer Ziege so lange belecken lassen, bis er sich totlacht, oder verborgene Schätze verrät.

10.

Sammlern ist bekanntlich oft nicht ganz zu trauen. Von einem berühmten Professor der Mineralogie erzählt man sich folgendes. Häufig kamen Leute zu ihm mit der Bitte, ihnen ein Urteil über ihre Steinsammlungen abzugeben. Bemerkte der Professor dabei einen besonders seltenen Stein, so nahm er ihn aus der Sammlung und warf ihn zum Fenster hinaus mit der Bemerkung: „Das ist Schund." Der Diener suchte dann die hinausgeworfenen Steine auf und brachte sie seinem Herrn.

11.

Ein Schwindler läßt sich unter dem Vorgeben, der Graf X zu sein, von einem Juwelier einen Schmuck auf Kredit einhändigen und verkauft ihn alsbald. — Wie, wenn er sich den Schmuck nur zur Ansicht hätte geben lassen? — Wie, wenn er sich nur für den Diener des Grafen ausgegeben und den Schmuck in dessen angeblichem Auftrage entnommen hätte? — Wie, wenn er wirklich der Diener des Grafen und zum Erwerbe des Schmucks beauftragt wäre?

12.

Ein Fabrikant beauftragt einen Tierarzt, ihm auf dem Markte ein Pferd im Werte von ungefähr 1000 Mark zu kaufen. Der Tierarzt kommt dem Auftrage nach, da ihm aber während des Marktes 1500 Mark für das Pferd geboten werden, so verkauft er es wieder. — Der gleiche Fall mit dem Unterschiede, daß an Stelle des Tierarztes ein Bankier, an Stelle des Pferdes ein Wertpapier und an Stelle des Pferdemarktes die Börse tritt.

13.

Ein Diener bekommt täglich von seinem Herrn drei Mark zur Besorgung von Auslagen. Abends wird abgerechnet. Von seinem eigenen Gelde soll der Diener die drei Mark stets getrennt halten, auch von ersterem nichts zu Auslagen verwenden. Im Auftrage und Namen seines Herrn macht er eines Tages einen Einkauf in der Höhe von einer Mark, ohne aber zu zahlen. Bei der abendlichen Abrechnung erklärt er dagegen seinem Herrn, er habe bezahlt, und lieferte demgemäß eine Mark weniger ab, als er mußte. Der Gläubiger drängt allmählich bei dem Diener auf Zahlung, wartet aber noch einige Zeit, da ihm der Diener wahrheitswidrig erklärt, die Herrschaft sei verreist. Nach Ablauf eines Monats erhält der Gläubiger endlich von dem Diener das Geld.

14.

In Italien soll sich kürzlich folgender Fall ereignet haben. In einem Juweliergeschäft erscheint ein Mann und läßt sich Brillantringe zum Ankauf zeigen. Dabei bekommt er zwei in die Hand, von denen der eine mit 300, der andere mit 550 Lire ausgezeichnet ist. Geschickt vertauscht der Kaufreflektant die Auszeichnungen und verläßt darauf den Laden. Kurze Zeit darauf erscheint eine andere Person, welche den nunmehr mit 300 Lire ausgezeichneten Ring zu diesem Preise kauft, bezahlt und mitnimmt.

15.

Ende November 1892 krepierte dem Landwirt Jung eine Kuh. Der Eigentümer beauftragte den Wasenmeister Berk mit dem Verscharren des Tieres auf dem Schindanger. In der Hoffnung, die Haut für sich erlangen zu können, erklärte Berk dem Jung wiederholt und bewußt wahrheitswidrig, das Verscharren ohne Haut sei ihm von seiner vorgesetzten Behörde verboten worden; er müsse den Körper mit der Haut einscharren. Thatsächlich zog er aber auf dem Schindanger die Haut ab, verscharrte nur den übrigen Kadaver, steckte die Haut in einen Sack und war gerade im Begriff abzufahren, als Jung hinzukam. Auf dessen Frage, was in dem Sacke sei, antwortete er Jung, er enthalte Knochen, und wiederholte diese Behauptung auch gegenüber dem herbeigerufenen Bürgermeister; schließlich aber bequemte er sich zum Oeffnen des Sackes.

16.

Der Bauer Schulze begiebt sich auf einem Feldwege von seinem Jagdrevier nach Hause. Nachdem er bereits bewußtermaßen in ein fremdes Jagdgebiet gelangt ist, bemerkt er eine Ente, die von einem Wassertümpel aus auf den Feldweg zufliegt. Da die Entenjagd gerade offen ist, der Bauer das Tier also eventuell verkaufen kann, so erlegt er es. Die Ente fällt auf dem Feldwege nieder und Schulze steckt sie in seinen Jagdranzen. Zu Hause angekommen, bemerkt er, daß er nicht eine wilde, sondern eine zahme Ente geschossen hat, die er als dem Bauer Jende gehörig erkennt. Dennoch entschließt er sich zum Verkaufe an den Wildprethändler Meyer, dem er das Tier unter Mitteilung des Sachverhaltes und der Bitte, ihn nicht zu verraten, für eine Mark einhändigt. Meyer verkauft es weiter an den Wirt Reich. Dieser bezahlt den geforderten Preis von einer Mark fünfzig Pfennige, obwohl er weiß, daß der übliche Preis zwei Mark fünfzig Pfennige beträgt und ihm das Verhalten des Meyer verdächtig erscheint. Es fragt sich, haben sich Schulze, Meyer und Reich strafbar gemacht und eventuell wegen welcher Delikte?

17.

In einem Landstädtchen sind zwei Gasthäuser und zwei Kaufläden. Das Gasthaus Adler und der Kaufladen des Herrn Schwarz liegen in unmittelbarer Nähe des Bahnhofes, während das Gasthaus Hirsch und der Kaufladen des Herrn Weiß etwa eine Viertelstunde von dem Bahnhofe entfernt sind. Am 25. November kommt abends 9 Uhr der Reisende Roth in dem Landstädtchen an und fragt einen Gepäckträger, wo er übernachten und wo er Zigarren kaufen könne. Der Gepäckträger, welcher auf die Dunkelheit rechnet, verweist ihn an den Hirsch und den Kaufmann Weiß; es seien zwar, fügt er hinzu, noch ein anderes Gasthaus und ein anderer Laden am Platze, beide aber wenigstens eine halbe Stunde von dem Bahnhofe entfernt. Diese unwahre Erklärung giebt der Gepäckträger ab, um den ihm verwandten Inhabern der empfohlenen Geschäfte einen Vorteil zukommen zu lassen.

Am andern Morgen bei Tageslicht merkt der Reisende, daß er falsch beschieden worden ist. Er teilt den Sachverhalt dem Inhaber des Adler und dem Kaufmann Schwarz mit, und alle drei reichen nunmehr eine Anzeige wegen Betrugs gegen den Gepäckträger ein. Roth erklärt darin, er sei insofern geschädigt, als er bei Weiß die Zigarren um 25 Prozent zu teuer bezahlt, im Hirsch zwar billig übernachtet, dafür aber ein sehr schlechtes Bett gehabt habe. Ferner erklären der Kaufmann Schwarz und der Inhaber des Adler, sie seien insofern geschädigt, als ohne den falschen Bescheid Roth bei ihnen gekauft, beziehungsweise die Nacht zugebracht haben würde. Roth schließt sich dieser Erklärung an.

18.

Ein in Gießen dienendes Mädchen erhielt vor einigen Jahren einen Brief von einem angeblichen Bordellbesitzer mit der Aufforderung, sich binnen acht Tagen unter einer gewissen Chiffre postlagernd zum Eintritt in sein Bordell bereit zu erklären. Gebe das Mädchen diese Erklärung nicht ab, so werde er es überall blamieren, namentlich seiner Herrschaft mitteilen, welches Leben es früher geführt habe. Um dem Briefschreiber auf die Spur zu kommen, ging das Mädchen scheinbar auf den Plan ein. — Wird es für die Beurteilung des Falles von Bedeutung sein, ob der Brief in der That von einem Bordellbesitzer ausging und ob das Mädchen früher in der That ein anstößiges Leben geführt hat?

19.

Bei Frau Emsig wohnt der reiche Referendar v. Himmel zur Miete. Eines Tages zeigt dieser seiner Wirtin ein kostbares Armband, das er seiner

Braut zum Geburtstag schenken will. Voll Entzücken erzählt Frau Emsig davon der in demselben Hause wohnenden Frau Gans. Diese aber erklärt, so viel Geld für eitlen Tand auszugeben, sei Sünde und Schande, Frau Emsig thue ein Gott wohlgefälliges Werk, wenn sie das Armband wegnehme, verkaufe und den Erlös dem Missionsverein zur Verfügung stelle. Daraufhin läßt sich Frau Emsig einen Schlüssel zu dem Sekretär machen, in dem das Armband aufgehoben ist, öffnet ihn unter Benutzung dieses Schlüssels, findet das Armband, nimmt es aber nicht weg. Eine daneben liegende mit Brillanten besetzte Uhr sticht ihr nämlich mehr in die Augen; sie entwendet diese und stellte den durch den Verkauf erlösten Betrag von 525 Mark dem Missionsverein zur Verfügung.

20.

Der Geheimrat Berg hat am 4. Januar 1899 bei dem Amtsgericht Privatklage gegen den Kaufmann Meyer eingereicht, weil der letztere anfangs September 1898 am Stammtische geäußert habe, Thekla Berg, die unverehelichte, im väterlichen Hause wohnende 19jährige Tochter des Privatklägers, sei schwanger. Das Amtsgericht hat die Privatklage gemäß St.P.O. § 422 dem Beschuldigten zur Erklärung mitgeteilt. Dieser bestreitet zunächst die ihm zur Last gelegte Aeußerung und macht innerhalb der ihm gewährten Frist folgendes geltend:

1) eine Strafverfolgung sei zur Zeit nicht mehr möglich, da ja eine Beleidigung in 3 Monaten „verjähre";

2) den Geheimrat Berg gehe die Sache gar nichts an, sondern höchstens seine Tochter, mithin könne auch nur diese die Privatklage erheben.

3) Die Tochter habe sich schon im September 1898 in dieser Angelegenheit an die Staatsanwaltschaft gewendet, ihren Strafantrag jedoch alsbald wieder zurückgezogen; diese Zurückziehung aber sei auch für den Privatkläger bindend.

Es fragt sich, was von diesen Einwendungen zu halten ist?

21.

Am 10. Mai 1894 fuhr der Müllerknecht Mehlwurm mit dem leeren Wagen seines Herrn von Hüttenthal nach Kornkammer. Unterwegs nahm er seinen Kameraden, den Brauergesellen Schluckebier, auf den Wagen und alsbald meldete sich auf der Straße auch der Bauer Kümmerlich zum Mitfahren. Dieser bot dem Mehlwurm 20 Pfennige Trinkgeld, wenn er ihn mitnehme und an der Waldecke vor Kornkammer absetze. Mehlwurm ging darauf ein, Kümmerlich stieg auf und der Wagen fuhr weiter. Nach einiger

Zeit erkannte Schluckebier in dem Kümmerlich einen alten Feind. Er äußerte darauf zu Mehlwurm: „Du, den verhaue ich unterwegs. Du fährst uns ordentlich in den Wald hinein, dann steige ich mit dem Kümmerlich aus, du fährst weiter, siehst und hörst nichts.“ M. war einverstanden und als der Wagen an die Waldecke kam, an der K. ausgesetzt sein wollte, trieb er seine Pferde zum Galopp an und fuhr, obwohl K. energisch verlangte, abgesetzt zu werden, drei Kilometer in den Wald hinein. Alsdann hielt er an und entschuldigte sich, daß ihm die Pferde durchgegangen seien. Schl. und K. stiegen aus, M. fuhr weiter. Nachdem sich der Wagen entfernt hatte, fing Schl. mit K. Streit an und schlug ihn zweimal mit der Hand auf den Kopf. Als er eben zum dritten Schlage ausholte, sprang der Förster Waldmann aus einem Busch hervor und stieß ihn mit den Worten: „Laß' doch den schwachen Mann in Ruhe“ so heftig in die Seite, daß er (Schluckebier) zu Boden fiel. Einige Tage darauf starb Kümmerlich. Auf Grund des Gutachtens der Aerzte und der Zeugenvernehmungen ist bezüglich der Todesursache folgendes als feststehend anzunehmen: K. ist an Gehirnerschütterung gestorben; die Erschütterung ist durch die ihm von Schl. auf den Kopf versetzten Schläge herbeigeführt worden; ohne ein bei K. längst vorhandenes Gehirnleiden würden die an sich ganz leichten Schläge nicht einmal Einfluß auf die Gesundheit des K. gehabt haben.

Sind Schluckebier und Mehlwurm strafbar und eventuell warum? Kann auch der Förster Waldmann — sei es schlechthin, sei es unter gewissen Voraussetzungen — bestraft werden?

22.

Die städtische Lehrerin Marie Heuser hat die Liebeswerbungen des stud. med. Müller wiederholt zurückgewiesen. Hierüber erbost, bestimmt dieser seine fünfzehnjährige Kousine Emma Keller, die Heuser, bei der sie Privatunterricht hat, mit den Worten zu begrüßen: bon jour mademoiselle la cocotte. Die Lehrerin weist infolgedessen der Schülerin die Thür und stellt sofort Strafantrag gegen sie wegen Beleidigung. In dem Strafverfahren ergiebt sich, daß Emma Keller von der Bedeutung des Wortes cocotte keine Vorstellung gehabt, vielmehr ihrem Vetter geglaubt hat, der ihr einredete, es werde damit eine besonders gelehrte Dame bezeichnet. Zufolge dieses Umstands wird die Keller freigesprochen, und die Staatsanwaltschaft erhebt nunmehr Anklage gegen Müller wegen Anstiftung zur Beleidigung.

Der Angeklagte gesteht ein, daß er seine Kousine in der angegebenen Weise zum Handeln bestimmt, auch gewußt habe, was man unter einer Kokotte versteht.

Er verteidigt sich aber in folgender Weise:

1) „Es liegt ein gegen mich gerichteter Strafantrag nicht vor, folglich ist meine Freisprechung geboten."

2) „Ein Strafantrag kann auch jetzt nicht mehr gestellt werden, denn wir schreiben den 10. Oktober 1892 und die Aeußerung der Keller ist bereits am 23. Juni 1892 gethan worden."

3) „Meine Freisprechung muß auch deshalb erfolgen, weil es an jedem öffentlichen Interesse zur Verfolgung der Sache fehlt."

4) „Anstiftung zur Beleidigung kann nicht vorliegen, da die Keller keine strafbare Handlung begangen hat. Ich berufe mich in dieser Beziehung auf das rechtskräftige Strafurteil gegen diese."

23.

Zu Gunsten des Rentners Friedrich Müller ist auf den Grundstücken des Kaufmanns Schulze eine Hypothek im Betrage von 3000 Mark mit halbjähriger Kündigungsfrist eingetragen. Die Kündigung erfolgt am 31. Dezember 1890 für den 1. Juli 1891. Während dieser Zeit brechen Streitigkeiten zwischen Müller und seiner Ehefrau Auguste geb. Meier aus, die zu einer Ehescheidungsklage von seiten der letzteren und zu einem die Ehescheidung aussprechenden Urteil des Landgerichts vom 28. Juni 1891 führen. Am folgenden Tage, also am 29. Juni 1891, schreibt die Klägerin an die in der ehelichen Wohnung zurückgebliebene Dienstmagd Katharine Löffel, sie möge den in dem unverschlossenen Pulte des Herrn Müller befindlichen Hypothekenbrief über die erwähnte Hypothek heimlich wegnehmen und ihr einhändigen. Dem Schreiben fügt sie einen in der Mitte durchgerissenen Hundertmarkschein bei, dessen andere Hälfte die Löffel bei Ausführung des Auftrags erhalten werde. Auf diesem Wege in den Besitz des Hypothekenbriefes gelangt, begiebt sich die geb. Meier am 1. Juli 1891 zu Schulze und fordert die Zahlung des Betrags unter dem Vorgeben, sie sei von ihrem Manne mit der Einziehung beauftragt worden. Ihr Plan geht dahin, alsbald nach Erlangung des Geldes mit ihrem Geliebten Neuberger das Weite zu suchen. Schulze weigert indessen die Zahlung, indem er eine beglaubigte Vollmacht fordert.

Die Frau teilt nunmehr ihrem Geliebten den Sachverhalt mit. Dieser setzt unter den Hypothekenbrief folgende Erklärung: „Diesen Hypothekenbrief zediere ich mit allen Rechten an meine Ehefrau, Auguste geb. Meier, Friedrich Müller", begiebt sich darauf zu einem Notar, läßt sich vor diesem durch zwei bestochene Urkundszeugen Becker und Feisel als Friedrich Müller identifizieren, erkennt die Unterschrift unter der Zessionserklärung als von ihm, dem angeblichen Friedrich Müller, vollzogen an und erlangt so deren Beglaubigung.

Die von dem Plane vorher verständigte Auguste geb. Meier präsentiert darauf den Hypothekenbrief nebst Zessionsurkunde dem Schulze, erlangt aber keine Zahlung, da diesen Müller inzwischen von dem Verluste der Urkunde benachrichtigt hat.

24.

Der am 28. November 1865 geborene Apothekergehilfe Otto Müller stand in geschlechtlichem Verkehr mit der am 5. August 1868 geborenen Nähterin Anna Schulze. Am 10. Mai 1897 teilte die Schulze dem Müller mit, daß sie sich von ihm schwanger fühle, und bat ihn um ein Abtreibungsmittel. Müller händigte ihr darauf eine Flüssigkeit ein, welche nach den Aussagen der Sachverständigen zur Abtreibung geeignet ist. Die Schulze trank an demselben Tage von der Flüssigkeit, ohne jedoch den gewünschten Erfolg zu erzielen, kam vielmehr am 14. Oktober 1897 vormittags 11 Uhr mit einem Kinde männlichen Geschlechts nieder. Unmittelbar nach der Niederkunft begab sich im Auftrage der Schulze das am 12. September 1871 geborene Konfektionsmädchen Marie Meier zu Müller, erzählte ihm, daß jene ein Kind bekommen habe, und forderte ihn auf, die Wöchnerin zu besuchen und ihr Geld zu bringen. Als sie ihre Botschaft ausgerichtet hatte, rief Müller: „Ihr wißt ja, daß ich nichts habe. Geben Sie der Anna dies; das ist das Einzige, womit ich ihr helfen kann." Dabei händigte er der Meier ein mit der Aufschrift „Gift" versehenes Fläschchen ein. Die Meier überbrachte dasselbe der Schulze mit den Worten: „Da ist Gift. Er hat es mir gegeben und gesagt, sonst könne er dir mit nichts helfen."

Die Schulze fing hierauf an heftig zu weinen und rief endlich: „Es hilft nichts, ich muß es machen, wie er sagt." Hierauf gab sie — etwa 1½ bis 2 Stunden nach ihrer Niederkunft — dem Kinde von dem Inhalte des Fläschchens zu trinken. Das Kind starb gegen 5 Uhr desselben Tags und zwar — wie die chemische Untersuchung ergab — an Fliegengift.

In der Hauptverhandlung verteidigen sich der Müller und die Meier in folgender Weise. Ersterer sagt, er sei durch die Nachricht von der Niederkunft der Schulze in eine solche Aufregung versetzt worden, daß er seines Willens nicht Herr, vielmehr ganz unzurechnungsfähig gewesen sei. Jedenfalls aber sei seine Meinung gar nicht gewesen, daß die Schulze das Kind, sondern daß sie sich selbst vergiften solle. Er habe sein eigenes Fleisch und Blut nicht töten wollen. Die Meier erklärte, sie habe den Müller so verstanden, als solle die Schulze das Kind und sich selbst töten, und so habe auch die Schulze die Worte verstehen sollen, mit denen sie ihr das Fläschchen übergab.

Wie ist der Fall zu beurteilen, wenn 1. den Schutzbehauptungen des Müller und der Meier kein Glauben geschenkt wird? 2. wenn sie als glaubhaft erscheinen?

25.

Der mit dem Waldschutze betraute Förster hört einen Schuß und bemerkt alsbald einen Wilderer, der ein erlegtes Reh auf dem Rücken trägt. Beim Anblick des Försters sucht der Wilderer unter Zurücklassung seines Gewehres das Weite. Alle Versuche, die Persönlichkeit des Wilderers festzustellen, bleiben erfolglos. Unterliegt das Gewehr der Einziehung?

26.

In einer Gießener Wirtschaft ereignete sich vor kurzem folgender traurige Fall. Während ein als Gast anwesender Bauer auf kurze Zeit das Restaurationslokal verlassen hatte, machten sich einige junge Leute den schlechten Scherz, seinen Platz durch Ausgießen von Bier zu verunreinigen. Beim Wiederbetreten des Lokals fragte der Bauer einen andern Gast, wer seinen Platz beschmutzt habe. Der Gefragte verwies ihn, in der Meinung, einen guten Witz zu machen, an einen gänzlich unbeteiligten Kaufmann. Von dem Landmann zur Rede gestellt, verbat sich dieser jede Belästigung, erhielt darauf von dem andern einen Schlag ins Gesicht, der die Brille zertrümmerte, einen Glassplitter in das Auge trieb und bald darauf den Tod herbeiführte. Wird es möglich sein, diejenigen Personen zur Verantwortung zu ziehen, die das Bier ausgegossen oder den Kaufmann als den Thäter bezeichnet haben?

27.

Der Auszüglerin Dersch wird der von ihr bereits abgemähte, aber noch auf dem Felde liegende Hafer im Werte von etwa 50 Mark durch den Gerichtsvollzieher gepfändet und demnächst im Lokal der Bürgermeisterei an den Meistbietenden versteigert. Die Dersch, die von alledem Kenntnis hat, löst die Siegel von den Garben und veräußert die Frucht an den gutgläubigen Getreidehändler Michel, der den Hafer wegfährt.

28.

In der Nähe von Battenberg an der oberen Eder bemerkte vor kurzem ein Fischereipächter einige in seinem Gebiete fischende Burschen. Als diese den Pächter kommen sahen, begaben sie sich mit drei gefangenen Hechten auf die Flucht. Von dem Pächter verfolgt, warfen sie die jetzt toten Hechte in den Obergraben einer Mühle, deren Eigentümer darin fischereiberechtigt ist. Angesichts der Hechte ließ der Pächter die Burschen laufen und forderte einen zufällig neben dem Mühlgraben arbeitenden Mann auf, ihm die Fische aus dem Wasser zu holen. Dieser that, wie ihm geheißen, händigte dem Pächter zwei Hechte ein, weigerte aber die Herausgabe des dritten, den er als Lohn behalten wolle.

29.

Ein Knabe machte sich das Vergnügen, das Dach einer Waldhütte wiederholt in Brand zu setzen und das Feuer dann wieder zu löschen. Durch das Beispiel gereizt, versuchte sein Kamerad ebenfalls das Dach in Brand zu setzen, in der Absicht, das Feuer alsbald wieder zu löschen. Die Inbrandsetzung gelang ihm indessen nicht.

30.

In der köstlichen Zeit, als die studierende Jugend noch ohne Furcht vor schwerer Strafe ihre Streiche ausführen durfte, bemerkten, wie Carl Vogt berichtet, zwei Gießener Musensöhne vor dem Fenster der Frau Professor P eine Gans, die aber so gut befestigt war, daß es unmöglich erschien, den Bindfaden mittels einer im Besitze der Studierenden befindlichen langen Stange zu lösen. Zur Erlangung des Tieres wählten sie daher folgendes Mittel. Der eine Student klingelt bei der Frau Professor und rät ihr, schleunigst die vor dem Fenster hängende Gans hereinzunehmen; er habe gesehen, wie sich jemand von der Straße aus bemühe, sie zu stehlen. Die Frau Professor dankt bestens und schickt sich an, dem Rate zu folgen. Kaum aber hat sie den Faden gelöst, mit dem die Gans befestigt ist, so versetzt ihr der auf der Straße stehen gebliebene Student einen so heftigen Schlag mit der Stange auf die Hand, daß sie die Gans fallen läßt.

31.

Ein Kaufmann schreibt im ersten Aerger über die Mißerfolge seines Reisenden diesem einen beleidigenden Brief, beschließt aber, sich die Absendung bis zum folgenden Tage zu überlegen. Durch ein Versehen des Kaufmanns gerät der Brief gleichwohl unter die vom Diener zur Post zu besorgenden, geht ab und erreicht seine Adresse. Infolge des Briefes kündigt der Reisende seine Stellung und zwar ebenfalls in beleidigender Form. Der Kaufmann erhebt Privatklage. Auf jeden Fall beantragt der Reisende Kompensation der Beleidigungen.

FSC
www.fsc.org
MIX
Papier | Fördert gute Waldnutzung
FSC® C083411

Kolibri 360 GmbH
Ferdinand-Jühlke-Straße 7
99095 Erfurt, Deutschland
produktsicherheit@kolibri360.de